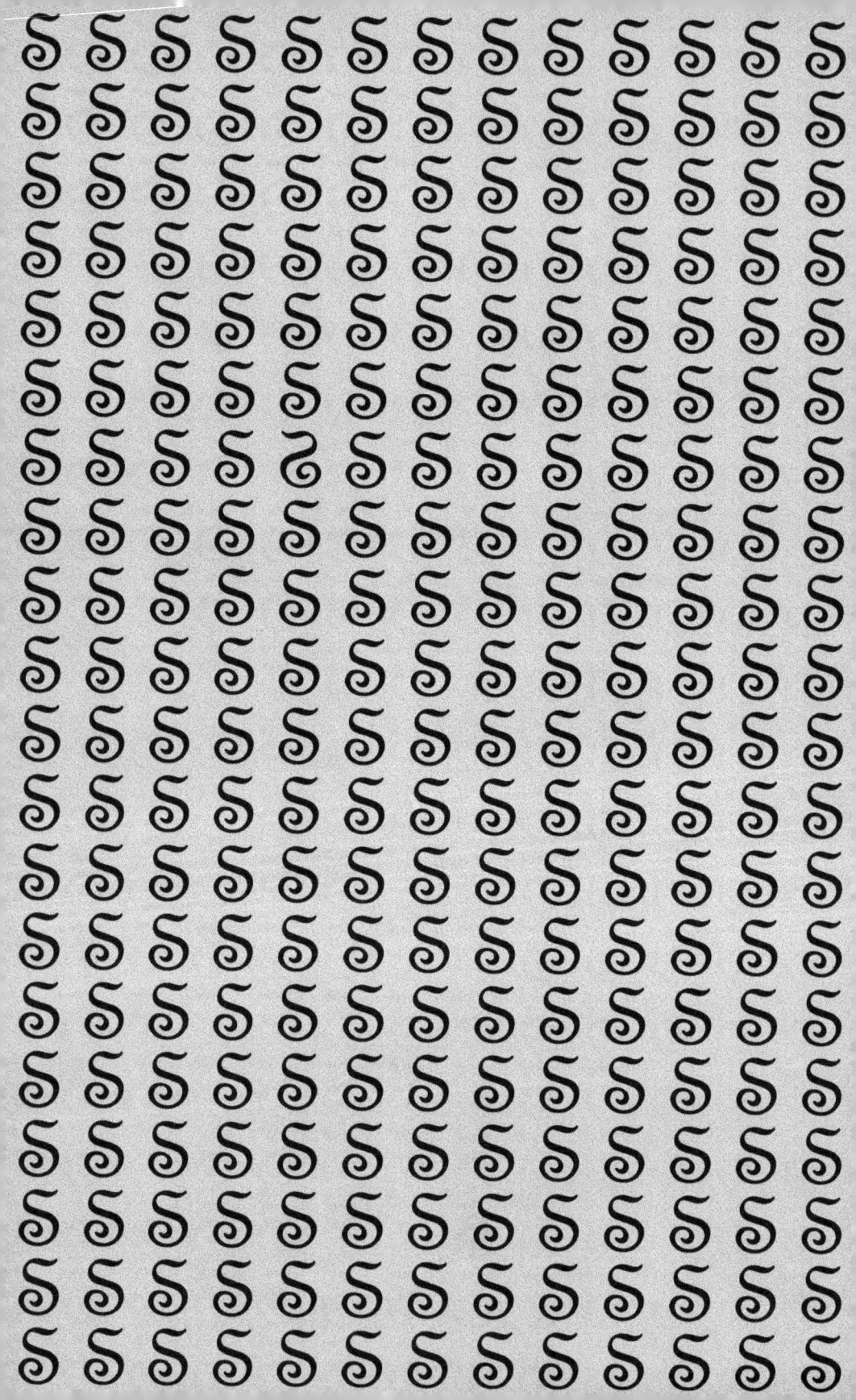

# De Tierra y Asfalto

# De Tierra y Asfalto

**Eduardo Alvarez Sánchez**

*Poetisos al Sur del Mundo*

Editorial Segismundo

S

© Editorial Segismundo SpA, 2014-2021

**De Tierra y Asfalto**
**Eduardo Alvarez Sánchez**
*Colección Poetisos al Sur del Mundo, 3*

Segunda edición: Septiembre 2017
Versión: 1.3
Copyright © 2014-2021 Eduardo Alvarez Sánchez

Contacto: Juan Carlos Barroux <jbarroux@segismundo.cl>
Edición de estilo: Juan Carlos Barroux Rojas
Diseño gráfico: Juan Carlos Barroux Rojas
Fotografía de la portada: Arq. Gustavo Díaz Justiniano
http://www.arquitectodiaz.comuf.com/

Registro Propiedad Intelectual N°
ISBN-13: 978-956-9544-76-7

Otras ediciones de

*De Tierra y Asfalto*:

Impreso en Chile
ISBN-13: 978-956-9544-77-4

Tapa Dura – Amazon™, etc.
ISBN-13: 978-956-6029-62-5

POD – Amazon™, EBM®, etc.
ISBN-13: 978-956-9544-76-7

eBook – Kindle™, Nook™, Kobo™, etc.
ISBN-13: 978-956-9544-78-1

En la colección *Poetisos al Sur del Mundo*:

*Con un Wantán Atorado en el Alma*
 – Alejandro López Palacios

*Los versos de la enredadera*
 – Jaime Arenas Saavedra

*Un Pueblo fuera del Mapa*
 – José Hogas

*Ingrata República y otros Asesinatos*
 – Patricio Fernández Muñoz

*Bocabajo*
 – André Meyer

*Hablemos de Ello*
 – Jaime Arenas Saavedra

*Ron Purgatorio Premium*
 – Patricio Fernández Muñoz

*Bitácora Ácrata*
 – José Navarro

*Bicéfalo*
 – Armando Rosselot

A mi madre, a la tierra.

# Prólogo

*a poem is a city, a poem is a nation,*
*a poem is the world...*

**N**os cuenta *Charles Bukowski*, entre copas de licor, y estos son poemas entre dos ciudades; La Paz, ciudad del aire, urbe de las nubes, y Santiago, ciudad del *smog*, urbe de la tierra. Poemas de discreta elegancia, que llaman a la sonrisa, pueblan este libro etéreo.

*templo invisible*
*colección de silencios*
*molino de frases robadas*
*taladro de rimas*

Eduardo, alfarero del lenguaje, paciente pastor de palabras, hijo del cielo y de la tierra, nos regala estos delicados poemas con el inconfundible sabor de lo vivido, pues *"soy un testigo / de nubes pasajeras"* nos confiesa.

*¿dónde vive?*
*en una casa sin ventanas*
*el alma bajo la alfombra*

Ayer en Santiago, hoy en La Paz, ¿mañana? Mañana de seguro estará en la otra ciudad que habita.

*y nada más que decir*
*al aire de tu ausencia*

Juan Carlos Barroux R.
Al Sur del Mundo, 1 de marzo 2014

# Autoprólogo

S in esperarlo, se me da la posibilidad de publicar este puñado de poemas. Cuando los corregía, hace casi dos años, estaba en el cielo de La Paz: no había terminado de aterrizar en la hoyada pese a estar de vuelta con la idea de quedarme. Ahora ha pasado esa metamorfosis que se dio atravesando Santiago en bicicleta, volviendo a La Paz, yendo, viniendo. El año pasado los estudios y el contrabando hormiga de ropa femenina me llevaron seis veces a Santiago. Motivos secretos, más allá de nuestro alcance, nos mueven pese a la ilusión de un trabajo con horarios. La sangre nos mueve: no importa lo que haya pasado, lo sabemos como un secreto que carga nuestro cuerpo. Hay que tomarse el tiempo que haga falta. La poesía siempre nos acompaña y por momentos hasta podemos escribirla. Diría que los poemas de Santiago son el dolor que se permite la risa, los de La Paz son hijos de la razón soberbia que de tanta posición incómoda acaba por someterse a algo más grande, y los de la tercera parte el otro lado de la moneda, la constancia de que se puede pertenecer a ésta y la otra ciudad, de que finalmente la vida triunfa y manda. Estoy feliz con el carnet de boliviano de treinta y tantos y el de chileno cuyo número corresponde al de un niño de diez años. A los amigos de un lugar siempre los invito a conocer la otra ciudad que habito.

Eduardo Alvarez Sánchez

# PRIMERA PARTE

# hilacha

ayer una hilacha del pijama

me picó la espalda

y las ideas ataron

a la pata de la cama

un posible sueño

pensé en aquello

que impide dormir a los perros

lo difícil de las madrugadas

en las que no hace falta despertarse

y cualquier nube que pasa

sirve para inventar una historia

en la que uno es

lo que sobra

no

no era una preocupación

con nombre y apellido

era el sonido de la nada

inaudible

era la sombra

recostada a mi lado

inasible

la tristeza del árbol

que quisiera sacar los pies de la tierra

la angustia del ave

que añora echar raíces

la pena de estar vivo

la mente dividida

la flojera

con el vestido etéreo del absurdo

esa decisión tan personal

que otro ha tomado por mí

ese dolor que flota en el aire

y hago propio

poniéndole nombre

de mujer

Eduardo Alvarez Sánchez

# el humo

el humo tiene un toque

entre azul y blanco

hace espirales

y a veces un trazo largo


el humo se aleja

con sólo un respiro

puede ser las almas

si quieres fantasmas


el humo indispone

hipnotiza

asusta

algo se refleja

algo se revela

algo se calla

cada vez que se habla


y quien fuera el humo

elevándose como si nada

como si nada

las cenizas le costaran

# sombra ajena

triste paisaje

atribuido a su sombra

tormentoso destello de lo que falta

tiempo perdido

para regodearse

espejo destrozado


la fuerza siempre ajena

ajena la palabra que mueve

tus manos le fueron ajenas

¿supo recibir la caricia primera

y la que mañana anduvo mendigando?

la belleza no le alcanza

no le pertenece

¿dónde vive?

en una casa sin ventanas

el alma bajo la alfombra


sueño postergado

tiempo detenido

quién partirá en dos esta lágrima

que no acaba de salir


cualquier otro momento es mejor

un minuto de silencio

la muerte viene rondando

que se lleve de una vez

la vida que no tuve

Eduardo Alvarez Sánchez

# la noche oscura

movimiento sin control

oscuridad inmemorial

atrapando almas de piel nueva


cómo librarme de lo inasible

desde este cuerpo

qué clase de garras son esas

que abren un abismo

amenazando mi fibra


diría que lo es todo

si estas ganas no tensaran a ratos

las cuerdas de la vida

es una especie de recuerdo

sin terminar de cumplirse

un grito ahogado

un motivo que se ignora

en el primero de todos los llantos

dónde se busca

dónde se encuentra

cómo escapar de los fantasmas sin rostro

sin recuerdo

para esta memoria sola

sola en la inmensidad de esta noche

que tanto se parece

a la nada

# cuarto en soledad

Así ha de ser tu dolor

así mi herida

en la que sólo te reflejas hoy

ahora

y en el aniversario de un momento

tan remoto como venerable

desconocido en la fábula

imposible a la visión

inevitable

en el meridiano del sentimiento


somos apenas un paso en algo

que se va a prolongar

por arte de naturaleza y vida

ahí

donde parece el desastre último

somos las reservas de una historia

empeñada en cumplirse

pese a nosotros mismos


mírame

de rodillas en tus sueños

agradeciendo a tus ojos

mírame

ésta y las mañanas que hagan falta

toma ahora lo que la carne postergaría

sabremos encontrarnos

en la antesala del olvido

donde un impulso de luz

gobierna

Eduardo Alvarez Sánchez

# templo invisible

templo invisible

colección de silencios

molino de frases robadas

taladro de rimas


está vacío el universo

libre de mi ingratitud

página en blanco

prescinda del lápiz

sangre en vez de tinta conserve


no me baste el arte poético

sea más que orgullo y torpeza

sea más que yo

te invoco

aún escribiendo para alguien

éste y otro día

amanezca más temprano

sin tanto madrugar

me gane tu permiso

de demolición

valga sin redundancia la palabra

sepa despedirme cada noche del rayo

no voy a envejecer gratis

sí muero poquito a poco

en este amor

Eduardo Alvarez Sánchez

# pollera

copa de sangre

fondo del vaso

mente

abismo

olvidos latiendo

gravedad

alas

eres tú

en cada paso

caminando el barro

tú

mujer

suspendiendo el aire

sosteniendo el frío como una espada

lista para el duelo

escúchame

mujer

sé del rayo

que partió un árbol para tus ojos

me alimento de lluvia y piedras

cuando desborda el río

y no he estado tan lejos todavía

vibro contigo ahora

rompo el espejo de cada viernes

me lanzo a romper el viento

contigo

los encajes los hilos

los colores bajo tu falda

eso que te sostiene

mujer

ahí estoy ahora

yo también

# SEGUNDA PARTE

# Janet (un poemita de verano)

Janet hoy tu presencia fue un hallazgo

debo agradecer puntualmente a Dios

que para las ocho de la mañana

hora en la que salías de tu casa

nos regalaba con por lo menos

veinte grados centígrados

Janet la del día por medio

la incondicional

excepto por los once mil la jornada

ya al cruzarnos en el pasillo noté algo

difícil dimensionarlo en mi modorra

ceñidos a la medida de mis posibilidades

pescadores en vez de pantalones largos

y el escote azul insinuando verbos

siempre insuficientes

que mis reflejos articularon

sin pudores ni imposturas


viéndote desde el *living*

haciendo la cama Janet

yo no me atreví a conjugarlos

oh Janet

Janet la de siempre

no me carga el ruido de la aspiradora

ni el de la teleserie mexicana

tú sigue con lo tuyo Janet

trapea el piso

y de paso me pisas el alma


qué misterio

tu silente indiferencia

correspondida por meses y meses

de pantalones rectos y chaqueta


pasas y repasas

llevando detergente

trapos recipientes de agua

me tienes atrincherado en la PC

le haces una trenza a mis cortinas

paras mi cama en dos patas

enrollas la alfombrita

qué arte

qué oficio de precisión

a quién se le habrá ocurrido


pero no te preocupes Janet

tú sigue con lo tuyo

en esta guerra fría

seré el primero en desarmarse

imagíname diciendo

"te ves muy linda hoy Janet"

no

no

qué atropello

convertir tu belleza

en un desafinado plagio de ranchera

mira lo que nos hace el mercantilismo

y las divisiones sociales

cómo te hago un poema Janet

cómo hago para hacerte el amor

en diálogos poéticos

no

mejor tú sigues limpiando

y yo

sigo escribiendo

Eduardo Alvarez Sánchez

# plaza de los héroes

Calcularon bien cada paso

dijeron sí y fue sí

no y fue no

dieron lo mejor

sí

han logrado lo máximo


escribieron la historia

míralos en medio de la plaza

escribiendo

mira como les pesan los sueños

las balas y el fusil

están cansados de montar

dime

a dónde han llegado

los noto cansados

soy su menor

les creo

pero los noto cansados


yo también estoy cansado

y solo

solo

al borde de la plaza y el continente

encerrado en la inmensidad del anonimato

ajeno a todo

excepto a la sangre

míralos escribir la historia

tan callados

admíralos conmigo

no quisiera que el tiempo me devuelva en sal

ni que te convierta en uno de ellos

quiero aprender de ti

cuando dejas entreabierta la puerta del baño

de tu facilidad para hablar con mujeres hermosas

de tus lágrimas bajo las sábanas

de la pasión que adivino

en tus amores clandestinos

este país lejano

cada vez se te parece más

la levedad de tu conversa

tu elegancia solapada


esta ciudad

a través de sus calles limpias

y su soledad vestida de colores

te recuerda

y sabe en secreto

el milagro de tu risa y la mía

tan parecidas

dime quiénes son ellos

sepulcros de piedra

en medio de la plaza

dime tú mi mayor

oh capitán mi capitán

que estás vivo

a mi lado

pero tan lejos


dímelo tú

que me ocultaste la verdad

y así me callo de una vez

yo

el bestial

el mentiroso

muere ya capitán

regálame la maravillosa decepción de ti

quiero decepcionarte por completo

y que pasado mañana nos tomemos una cerveza

en esta misma plaza


que me enseñes cuál zapato le combina a mi cinturón

que seamos una vez más tan distintos

tan parecidos

quiero ser como tú

desde chico

no morirme vivo en un cubo de palabras inconexas

no quiero ser como ellos

oh capitán mi capitán

ahora

en esta plaza

en este país

que tanto se parece a ti

estás a mi lado más que nunca

y no hace falta nada

estás en mi sangre

nos basta con callar

y permitirnos las manchas

el barro

el silencio


sí

eso

seamos estatuas de barro

capitán


un día

cualquier día como hoy

la lluvia nos enseñará el camino

Eduardo Alvarez Sánchez

# amor de caja

hola como estás

dije por no decir

lo insólito de tu mirada

bien gracias tú

respondiste desafiante

sosteniendo mis pupilas

bien igual

son siete ochenta y cinco

dije por no decir

me atraes

al punto del vértigo

aquí tienes

retaste

deponiendo escuálidos escudos

o acaso balas aplanadas

así te hiciste y desasiste

de mi mano desnuda

te debo cinco pesos

dije y tiré mis pequeñas armas al fuego

tus dedos

mis dedos

desnudos otra vez

en qué candentes refugios habita Dios

qué frío este ritual

de posible iniciación

en el infierno


cuando iba comprendiendo

como hacen el amor en otros planetas

tú también retiraste la carne

te diste vuelta

la mirada en el piso

espera dije

pasó el próximo cliente

espera

se corporizó el mundo

espera repetí


espera

no olvides la boleta

y nada más que decir

al aire de tu ausencia

Eduardo Alvarez Sánchez

# pereza total

en el más acolchado rincón de la rutina

aguardo


observo

sigo el camino de las hormigas

sin apenas moverme


soy un testigo

de nubes pasajeras

de posibles dibujos en el techo


pregunten a otro la hora

mis trabajos piden reposo

alto vuelo

agua

aire

soy dueño de nada

es más que un paso lento

no hay tal paso

ni marcha

ni vergüenza que me alcance

ni un solo ruido

contactos cero

no me distraigan

estoy ocupado

huelga de ideas

queda este verso

sí y sólo sí

sale sin esfuerzo

apaguen la tinta

que por ahora me marcho

con Morfeo

# diosa Ahumada

ni la túnica

ni las sandalias

te sigo por tus pasos

profeta

y agradezco al cielo

mi camino

casado con tus espaldas


abres el mar muerto así

con sencillo desdén por los adoquines

mar de hombres muertos

vaivén de caderas

milagro del antiguo testamento

sístole diástole

resucitó el oficinista

en pleno paseo ahumada

quitas te pones las gafas

miradas sin vuelta

mar rojo mar abierto


ellos se agachan

tropiezan

ellas

falsas profetas

te envidian


ya no deambulo

iluminada

desajusto mi corbata

te sigo

un día seremos miles

viendo tus nalgas latir

sístole diástole

mar adentro

colalé colalí

miran húmedos tus muertos


miro también

tus pezones

dedo que señala el cielo

me quedo con el dedo

el cielo está al alcance

de las tarjetas *golden* que me faltan

de mis millas sin acumular

me quedo con el dedo

con el milagro de tus tacones

más efectivos que cualquier vara

abriendo mares de muertos

a la hora nona

yo peregrino atorrante

te canonizo

en el nombre de la cadena de tiendas

más grande que pueda existir

te santiguo sellando tu voz

y no así tus labios

por el resto de tus muslos

y de tus estaciones expansibles

yo te exonero de la vejez

hasta el final del paseo peatonal

mar muerto

mar adentro

colalé colalí

sistolé sistolá


amén

# manifiesto del cuerpo colegial

que muera la pornografía

que sea eterno el segundo

de aquellos a los que el semen vence

enamoremos a la distancia

que vuelvan los exiliados de la abstinencia

esperemos con ansias sus cuerpos


hagamos el amor ahí mismo

donde otros asaltan al amanecer

sorprendan a los tardones

a nombre de la desnudez humana

no podrán contra nosotros

noticias de silicona ni balas

Eduardo Alvarez Sánchez

está en sus manos

enséñennos todo

sin mostrar nada

sin mirar nuestra billetera

busquen alguien a quien le harían bien el amor

el amor del cuerpo

y háganselo de a sorbos

destruyamos la pornografía

cuando la cosa esté dura

esperemos fantaseando sin tele

confiemos en el momento

un instante verdadero abre dos

y dos abren cuatro pasadizos

al cielo y al infierno

y que en buena hora

se cierren los falsos postigos

los créditos

los pagarés


ningún grito fingido

disfrútese cada salida

cada entrada

el curso de la vía láctea

destruyamos la pornografía

sólo quede la que inventamos en la intimidad

sin fines de lucro

desde el abandono

desde lo siempre nuevo y secreto


deroguemos la prostitución

pongamos casas de caricias

niveles de enseñanza

para el amor de cuerpo y alma

docentes especializados

en escuelas milenarias y gratuitas

a retomar la tradición oral y anal

dar por puro gusto

dar dar y recibir

educación para el ciudadano

fuera del aula y del banco

me limpio la lengua con un colalé

enjugo mis lágrimas con tu sostén

no quiero saber más de plata


esta es nuestra rebeldía consciente

nuestro *Woodstock* particular

a los que se creyeron dueños de país

Jóvenes Estudiantes

les decimos juntos

tomaremos Santiago por las verijas

punto final

# TERCERA PARTE

# respiro el peligro

respiro el peligro de tu piel

sonrío en el espejo

perdido en tus ojos

me miras

abres la noche

inmensa incertidumbre

que amo

¿qué

además de nuestro latido

podría necesitar esta noche?

Eduardo Alvarez Sánchez

# amor de trece

amarte

sin la gravedad de los trece

esa solemnidad

sacada de los pelos

resabio

de una estrella sin luz

hace miles de años

ceniza

capaz de contaminar

mi corazón

amor

la estrella enferma acabó por morir

y en este instante

te estoy queriendo

como si nada


como el sol reverbera

en su pasión por el agua


como la música del campo

recreándose sola


como el indómito espíritu

que habita


amándote

sin la gravedad de los trece

recupero ahora

mis trazos perdidos

# los músicos

en la sala hay un sillón y otro más chico

un teclado atril tres guitarras bajo amplificadores
estuches

un biombo siempre abierto

sillines taburetes

y un frío inaguantable

si los músicos no están en casa


ellos vuelven de uno en uno

entran dos a la vez

se van uniendo

qué se yo de cualquier cosa

cuando me pregunto

si alguno será un fantasma

sumergidos en notas y acordes

hacen presencia

no me saludan

ni se dan la mano

no hablan de chicas

toman su instrumento

se miran

comienzan

¿acaso soy yo el fantasma?

vuelven del mundo

de un sueño perturbado

del trasnoche

se acomodan

en un par de acordes que imaginaron

dormidos

dan con un silencio

lo desnudan palmo a palmo

apenas rozan sus pétalos

quisieran bebérselo sin tocarlo

lo visten

trabajan con devoción

unen sus acordes

las posibilidades

intentan un giro

vienen van

vienen van

el piano lo logra por todos

¿o fue la guitarra?

quien puso esto

quien aquello

no se lo preguntan

no intentan responder

suben

bajan

se están

hay acordes que los matan

hay acordes que mueren

por un instante me pregunto

cuál de ellos será el fantasma

los músicos

los músicos se embriagan

lo suficiente para seguir tocando

el vino les cae bien

son fáciles de sonrisa

también de lágrima


son un cuerpo que camina

y se detiene en el aire

esperando el compás

si se atrasa una cuerda

si una loca se adelanta

los músicos esperan

resuelven

otra vez la nota se eleva

los perturba los amarra

van a caerse

tiembla la tierra

el silencio los persigue

no podrán dormir

no sabrán dormir más

como lo hacían antes

ahora el silencio es dueño de sus almas

se le deben

      saben eso

nada va a detenerlos

ni siquiera

      el nombre del amor

ahora son unos animales

mantienen el temple

la urgencia los condena

avanzan tras el final


un retumbo puede desmayarlos

acogotarlos un ruido

ahora saben que no hay vuelta atrás

la canción los estará esperando

esperando

esperando

mañana

otro día

y el día después

cuando haga falta

cuanto haga falta

los músicos siempre vuelven

¿seré yo el fantasma?

Eduardo Alvarez Sánchez

# volver

a la muela del diablo

al valle de las ánimas

volver

por los senderos

que sube la hoyada


agacharse y volver a beber sorbitos del alma

transitando mis calles apartadas


Altiplano

que esperas tu último cometa

nada puede robarme

sé dónde es mi casa


seducción sin recato

al caos

tu sobriedad

que destila elegancia

volver

sin pintarme las canas

atravesarle al tiempo la garganta

manchar rojo tu mandil de colegiala

Altiplano

que esperas tu último cometa

nada puede robarme

sé dónde es mi casa

volver al cholo

al aymara

al cóndor abriendo sus alas

de la soledad voy llegando

volver

resplandeciente montaña

sé dónde es mi casa

Eduardo Alvarez Sánchez

# enhebra

hilacha de vida

enhebrándose

en el río del alma

escribe lo que no tiene nombre

lo que primero se escribió en tus venas

ancestrales encomiendas te lanzaron al mundo

arrebato de ausencia

devuelves a tus muertos

camina

ese dolor

las flores marchitas también alimentan la tierra

déjate tomar por el verso

que no pide palabras

por la lluvia si cae

por el pan de cada día


respira también esa rabia

así estará limpia la calle

cuando vuelva el sol


sueños abiertos

besos malabares


sin decir nada

nos viva la palabra

Eduardo Alvarez Sánchez

# nos hace el amor

acaba de descubrirse tu cuerpo

para mis ojos

para sí mismo

envuelto en el misterio

canto de agua tibia


es que lo sabemos todo

ahora

mirándonos a la luz de los ojos

me enseñas a escribir

desde el pulso de la noche

sobre tu piel

me enseñas de esos mundos

de aire y alas

callemos

estoy por convertirme

en tu historia completa

en el tambor de la vida


mis sentimientos son nada

si preguntas por ellos

tendré nombre y apellido

y dejaremos de vernos

para colgarnos del cielo falso

Eduardo Alvarez Sánchez

del amor al final

qué sabemos

yo no quiero hacerte el amor

que el amor nos haga a los dos

que nos encienda

                queme

                      y consuma


total es un sueño

tiempo de sobra tendremos

a la vuelta

tiempo tendremos

papeles números

reloj con segundero

y memorias de aire

                      y alas

# Biografía del autor

E duardo Alvarez Sánchez nació en La Paz, Bolivia (1981). Estudió en el colegio San Ignacio de su ciudad. Tras el bachillerato, la influencia de los jesuitas lo llevaría a trabajar como voluntario en la escuela del pueblo amazónico de Urubichá, allí vivió y desarrolló una vocación por el ocio que se plasmaría en la escritura. El año 2004 obtuvo el segundo premio de poesía en el IV Encuentro literario de poesía y narración de la Asociación Latinoamericana de Cultura (ALAC) en Nueva York, con su obra *"Carta de ningún lado"*. Se tituló como psicólogo en la Universidad Católica Boliviana el 2006, año en que también publicó un volumen de cuentos titulado *"Cicatriz"*. Vivió en Santiago de Chile los años 2010 y 2011, en algunos talleres y bares donde leía, pero principalmente en la soledad, se reencontró con el oficio de las letras. Los poemas escritos entonces impulsaron la edición del poemario *"De Tierra y Asfalto"*, publicado en la colección *"Poetisos al Sur del Mundo"*.

# Tabla de materias

# Colofón

Este libro se imprimió mecánicamente, no sabemos dónde ni cuándo, por algún robot dedicado a la impresión bajo demanda. Por lo tanto, nos es imposible indicar cuántos ejemplares han sido producidos a la fecha ni cuántos lo serán en el futuro. Esperamos que se haya usado papel Bond blanco y una tapa de cartulina polilaminada a color, con una encuadernación rústica mediante *hotmelt*. Por lo menos estamos seguros de haber usado la tipografía *Book Antigua*, en varios tamaños y variantes, para la mayoría de su interior.

S

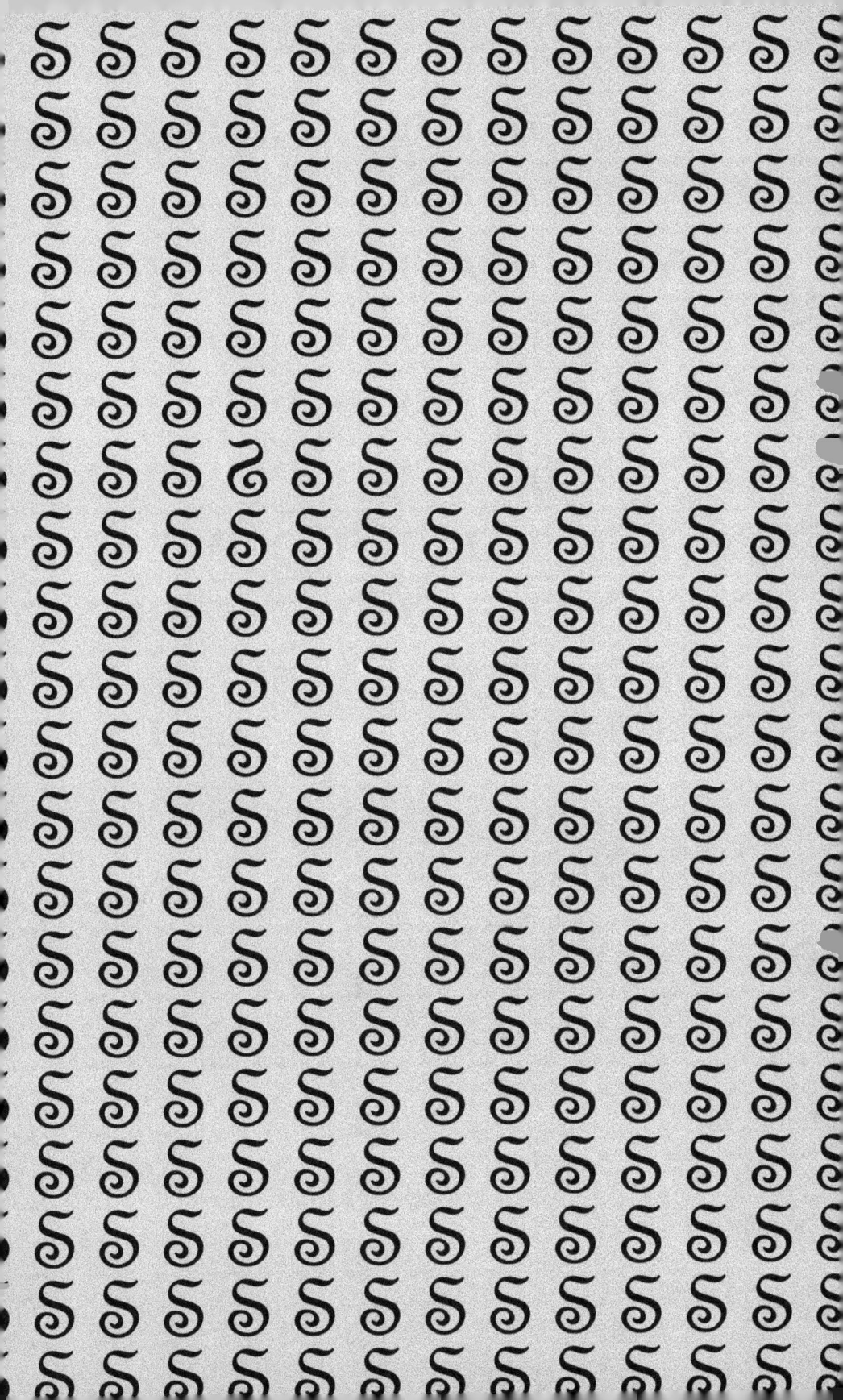

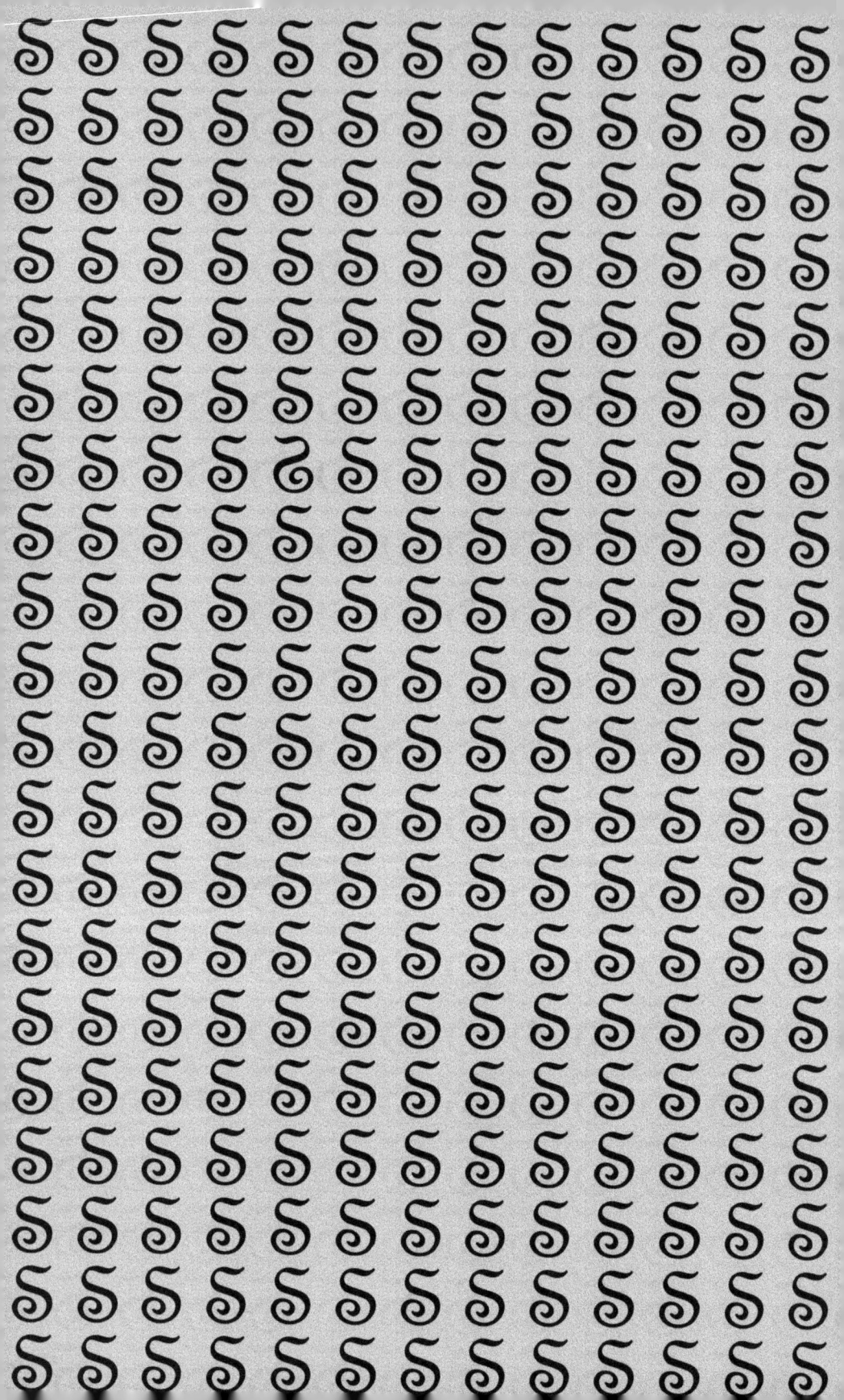

www.ingramcontent.com/pod-product-compliance
Lightning Source LLC
Chambersburg PA
CBHW052159090426
42741CB00010B/2336